Made in the USA
San Bernardino, CA
13 December 2019

61407469R00058